Inhalt

Branchenreport BAU & IMMOBILIEN Ausgabe 2/2010

Kernthesen

Beitrag

Zahlen und Fakten

Weiterführende Literatur

Impressum

GENIOS BranchenWissen Nr. 11/2010 vom 30.11.2010

Branchenreport BAU & IMMOBILIEN Ausgabe 2/2010

J.Kessler

Kernthesen

- In der Bauwirtschaft sind Umsatz und Beschäftigung weiter rückläufig.
- Dem Baukonzern Hochtief droht die Übernahme durch den spanischen Konkurrenten ACS.
- Dagegen zeigt die Immobilienwirtschaft leichte Aufwärtstendenzen.
- Besonders der Wohnimmobiliensektor erweist sich als stabil.
- International baut sich womöglich in China eine neue Immobilienblase auf.

Beitrag

Die Bauwirtschaft

Die Bau- und Immobilienwirtschaft beschäftigt mehr als 700 000 Mitarbeiter. Diese tragen zur Bruttowertschöpfung in Deutschland fast zwanzig Prozent bei. Die Baubranche ist mittelständisch geprägt. Über neunzig Prozent der knapp 74 000 Betriebe des Bauhauptgewerbes haben weniger als zwanzig Beschäftigte. Aufgrund der Wirtschaftskrise ist 2009 der Umsatz im Bauhauptgewerbe um vier Prozent auf 82,2 Milliarden Euro gefallen. Im laufenden Jahr dürften es 81 Milliarden Euro sein, 2011 dann nur noch 80,2 Milliarden Euro. In den einzelnen Sparten zeigt sich ein höchst unterschiedliches Bild: Während der Wohnungsbau angesichts des niedrigen Zinsniveaus wieder leicht wächst, wird der Wirtschaftsbau im laufenden Jahr um gut acht Prozent fallen und 2011 auf diesem Niveau verharren. Im öffentlichen Bau sorgen die Konjunkturpakete derzeit noch für Zuwächse von sieben Prozent. Doch ab dem kommenden Jahr wird der Umsatz im öffentlichen Bau wieder sinken. Die Beschäftigung am Bau geht weiter zurück. 2011 werden weniger als 700 000 Menschen dort tätig sein. (1), [Abb. 1]

Die Immobilienwirtschaft

Die Immobilienwirtschaft in Deutschland bietet derzeit ein gemischtes Bild. Während die Entwickler von Wohn- und Einzelhandelsimmobilien über gute Geschäfte berichten, ist bei den Büroimmobilien die Nachfrage schwach. Insgesamt herrscht an den Immobilienmärkten weiter Zurückhaltung - trotz der Erholung der Gesamtwirtschaft. Der Leerstand in den Büroimmobilienhochburgen wird sich erst 2011 stabilisieren. Gleichwohl ist das Investitionsvolumen in diesem Jahr wieder deutlich gestiegen, vor allem dank der Entwicklung bei den Einzelhandelsimmobilien. Zum Jahresende dürfte das Transaktionsvolumen zwischen 18 Milliarden und 20 Milliarden Euro liegen, dies entspricht in etwa dem Niveau von 2008. Aufgehellt hat sich zuletzt auch das Klima in der Immobilienwirtschaft. (10), (11), (12)

Die deutschen Baukonzerne

Die großen deutschen Baukonzerne, Hochtief und Bilfinger Berger, sind zuletzt in die Schlagzeilen geraten. So wehrt sich Hochtief gerade gegen die drohende Übernahme durch den spanischen Konkurrenten ACS, und bei Bilfinger Berger wird der ehemalige hessische Ministerpräsident Roland Koch

Mitte 2011 den Vorstandsvorsitz übernehmen. Operativ stehen die beiden Branchenführer gut da. Bei Hochtief überschritt im ersten Halbjahr 2010 der Auftragsbestand erstmals die Marke von 40 Milliarden Euro. Der Umsatz stieg um vier Prozent auf 9,5 Milliarden Euro, der Betriebsgewinn um sechs Prozent auf 396 Millionen Euro. Derweil ist Bilfinger Berger dem mittelfristigen Ziel einer operativen Marge von vier Prozent schon recht nahegekommen. Der Gewinn vor Zinsen und Steuern soll sich im Gesamtjahr auf "mindestens" 300 Millionen Euro verdoppeln. die Leistung dürfte um vier Prozent auf acht Milliarden Euro zulegen. (4), (13), (14), (20)

Bei den Baustoffproduzenten befindet sich HeidelbergCement wieder etwas im Aufwind. In den ersten neun Monaten 2010 stieg der Umsatz gegenüber dem Vorjahr um etwa sechs Prozent auf 8,87 Milliarden Euro. Das Betriebsergebnis sank jedoch leicht auf etwa 1,03 Milliarden Euro. Der Sparkurs zeigt inzwischen Wirkung. Seit 2007 ist der Schuldenberg, der größtenteils aus der Übernahme des britischen Konkurrenten Hanson stammt, von 14,6 Milliarden auf 8,6 Milliarden Euro geschrumpft. Beim zweitgrößten deutschen Baustoffkonzern Dyckerhoff stagnierte der Umsatz in den ersten neun Monaten 2010 bei etwas mehr als einer Milliarde Euro. Der Gewinn halbierte sich auf 50 Millionen Euro. Im Gesamtjahr erwartet Dyckerhoff einen

Umsatz auf dem Vorjahresniveau von 1,4 Milliarden Euro. Im Krisenjahr 2009 waren die Erlöse um 600 Millionen Euro gesunken. (15), (16)

Immobiliengesellschaften, Immobilienfinanzierer und Immobilienmakler

Die Immobiliengesellschaften bieten derzeit ein gemischtes Bild. Die auf Gewerbeimmobilien spezialisierten Firmen haben mit hohen Leerständen zu kämpfen. Dadurch fällt es ihnen schwerer, sich zu günstigen Konditionen zu refinanzieren. Die IVG etwa muss bis Ende 2012 rund 3,2 Milliarden Euro aufbringen. Dagegen haben Wohnungsgesellschaften wie Deutsche Wohnen und Gagfah Leerstandsquoten von nur drei bis fünf Prozent. Dies verspricht stabile Mieterträge, allerdings fehlt es den Wohnimmobilienbetreibern an Wachstumsperspektiven. Größter Wohnungskonzern ist die Deutsche Annington mit rund 190 000 Einheiten, an zweiter Stelle liegt die Gagfah mit 170 000 Einheiten. (9)

In der Finanzkrise sind die Immobilienfinanzierer am stärksten unter die Räder gekommen. Die Hypo Real Estate (HRE) wurde durch die Zinsspekulationen der Tochter Depfa in den Abgrund gerissen. Um einen

Systemkollaps zu verhindern, hat der Staat das Institut komplett übernommen und mit milliardenschweren Garantien ausgestattet. Nun hat die HRE faule Kredite über rund 173 Milliarden Euro in eine Bad Bank ausgelagert. Die HRE selbst firmiert künftig unter Deutsche Pfandbriefbank. Diese soll fortan keine neuen Garantien mehr benötigen. Wie die HRE steckt auch die Eurohypo weiter in den roten Zahlen. Achillesferse der Commerzbank-Tochter ist das US-Geschäft sowie die Staatsfinanzierung. Dagegen steht die Aareal Bank noch recht gut da. Sie hat bereits einen Teil der Staatshilfen zurückgezahlt. (17), (18)

Bei den Immobilienmaklern ist die Entwicklung gespalten. Während bei den Vermittlern von Gewerbeimmobilien das Geschäft nach wie vor schwierig bleibt, können sich die Wohnungsmakler inzwischen wieder berappeln. Die drei größten Makler verdienen ihr Geld allesamt im Wohnimmobiliensektor. Engel & Völkers kam 2009 auf einen Umsatz von 92 Millionen Euro, die Sparkassen-Immobilien-Vermittlungs-GmbH auf 61,6 Millionen Euro und die LBS Immobilien Münster auf 60,4 Millionen Euro. Auf Platz vier folgt mit Jones Lang LaSalle der erste Gewerbeimmobilienmakler. Dieser erlöste im vergangenen Jahr 58,3 Millionen Euro. (19)

Die europäische Baubranche

Für die europäische Bau- und die Baustoffbranche bleiben die Perspektiven weiter eingetrübt. Zwar haben in vielen Ländern Konjunkturprogramme die Baukonjunktur gestützt, dennoch ist die Entwicklung im Wirtschaftsbau anhaltend negativ. Auch der Wohnbau erholt sich nicht wie erhofft. Die hohen Staatsschulden in vielen Ländern sind ein weiteres Risiko für die Baubranche. Überall in Europa werden nun Infrastruktur- und Hochbauprojekte zusammengestrichen. Dies bekommen auch die europäischen Marktführer Vinci und Bouygues zu spüren, die in diesen Bereichen stark engagiert sind. Die breiter aufgestellte Hochtief könnte von diesem Trend profitieren. Dank ihrer recht guten Ergebnisse im ersten Halbjahr 2010 haben die Essener, die die Nummer drei in Europa sind, zu den beiden französischen Konkurrenten aufgeschlossen. (6), (20)

Der Immobilenmarkt Europas

Die Immobilienwirtschaft hat vor der Finanzkrise vor allem in Großbritannien, Spanien, Irland und Osteuropa geboomt. Entsprechend sind in diesen Ländern und Regionen auch die Rückschläge besonders stark ausgefallen. Im Londoner West End notierten die Spitzenmieten Ende des dritten Quartals 2010 um fast dreißig Prozent unter dem Vorkrisenniveau. Nun ziehen die Investments in Gewerbeimmobilien europaweit wieder an. Auch die Bürospitzenmieten entwickelten sich in den der meisten europäischen Städten stabil. Allerdings verläuft die Entwicklung regional unterschiedlich, was mit der ungewissen Haushaltslage in manchen Ländern erklärt werden kann. Insbesondere in Osteuropa ist die Situation noch fragil. (21), (24), [Abb. 2]

Die Immobilienmärkte weltweit

Der Verfall der Preise auf dem US-Immobilienmarkt hatte 2007 die Finanzkrise eingeläutet. In der Spitze wurden Rückgänge von vierzig Prozent gemessen. 2008 verloren zwei Millionen US-Bürger ihre Eigenheime, 2009 waren es 2,8 Millionen, für 2010 werden noch höhere Zahlen erwartet. Eine Trendwende ist noch nicht in Sicht. Die Regierung in Washington wird den Immobilienmarkt weiter stützen müssen. (22)

In China dagegen boomen die Immobilienmärkte. Allerdings droht dort sich eine Blase aufzubauen, da viele Immobilien in der Hoffnung auf weiter steigende Preise errichtet werden. Zwar werden in den kommenden Jahren Millionen Chinesen vom Land in die Städte ziehen und Wohnungen brauchen, dennoch befürchten manche Ökonomen einen Crash, weil die Banken ihre Kredite womöglich nicht wieder reinholen können. (8),

Trends

Die Fälle Hochtief und Stuttgart21

Derzeit hält die geplante Übernahme von Hochtief durch den spanischen Baukonzern Actividades de Construcción y Servicios (ACS) die deutsche Baubranche in Atem. ACS ist mit knapp dreißig Prozent größter Einzelaktionär bei Hochtief. Per Aktientausch soll der Anteil auf über fünfzig Prozent steigen. Die Übernahme würde ACS zu einem Global Player mit 35 Milliarden Euro Umsatz und 210 000 Mitarbeitern machen. Hochtief wehrt sich jedoch gegen die Übernahme. Anfang Oktober hatte der Essener Konzern die Bundesregierung um Hilfe gebeten. Diese lehnte ein Eingreifen jedoch ab. Die Baubranche fürchtet, dass im Falle einer Übernahme von einer deutschen Bauindustrie im Weltformat kaum noch etwas übrig bleibt. Mit Sorge verfolgt die Branche auch die Auseinandersetzung um Stuttgart 21, den geplanten Neubau des Stuttgarter

Hauptbahnhofs. Diese ist nach Ansicht der Bauindustrie ein Symbol dafür, dass große Bauprojekte zunehmend unter Beschuss geraten, egal ob Kohlekraftwerke, der Autobahnbau oder das Aufstellen von Hochspannungsleitungen. (3), (5), (7), (23), [Abb. 3]

Die Baubranche in der Dauerkrise

Nach der Wiedervereinigung gab es in Deutschland einen fünf Jahre währenden Bauboom, seither schrumpft die Baubranche. 1995 waren noch 1,43 Millionen Menschen am Bau beschäftigt, im kommenden Jahr dürften es weniger als 700 000 Beschäftigte sein. 2005 lagen die Bauinvestitionen preisbereinigt um ein Viertel unter denen von vor zehn Jahren, der Anteil der Branche am Bruttoinlandsprodukt fiel gleichzeitig von 14 auf zehn Prozent. Von den zehn größten deutschen Baukonzernen aus dem Jahr 1990 haben mit Hochtief und Bilfinger Berger nur zwei überlebt. Drei gingen in die Insolvenz (Holzmann, Walter, Heitkamp), fünf befinden sich in ausländischer Hand. Wegen der schwachen Binnenkonjunktur haben die Hochtief und Bilfinger Berger seither ihr Geschäft verstärkt ins Ausland verlagert. (2), [Abb. 4]

Zahlen & Fakten

Abbildung 1: Die Entwicklung im Bauhauptgewerbe in Zahlen

Jahr	Umsatz in Milliarden Euro	Beschäftigte
2007	80,7	714.000
2008	85,6	705.000
2009	82,3	705.000
2010*	81	705.000
2011*	80,2	700.000

*Prognose Quelle: Hauptverband der Deutschen Bauindustrie Entnommen aus: Börsen-Zeitung, 06.11.2010, Nummer 215, Seite 9 (7)

Abbildung 2: Immobilieninvestitionen in Europa im ersten Halbjahr 2010

Land	Umsatz in Milliarden Euro
Großbritannien	15,05

Deutschland	8,65
Nordeuropa	6,87
Frankreich	3,62
Benelux	2,64
Italien	2,01
Spanien	1,86
Osteuropa	1,67

Quelle: CB Richard Ellis Entnommen aus: Handelsblatt Nr. 190 vom 01.10.2010 Seite 54 (24)

Abbildung 3: Anteilseigner bei Hochtief

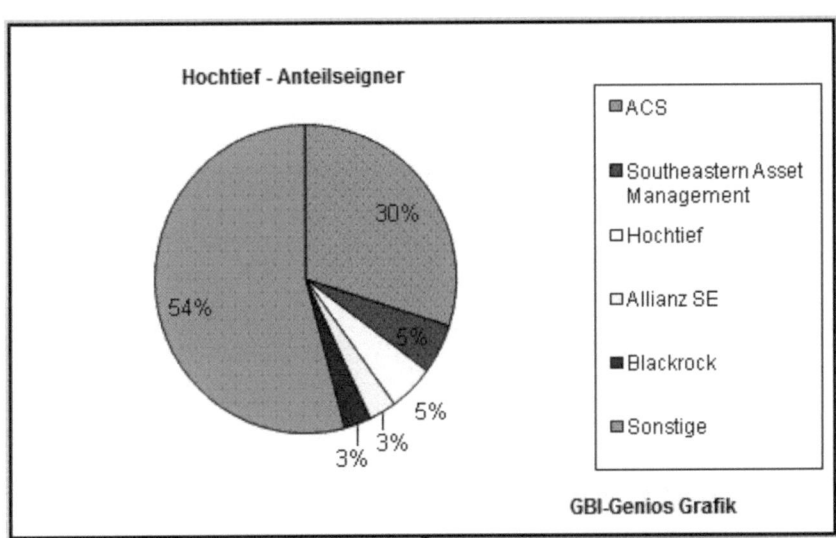

Quelle: Bloomberg Entnommen aus: Handelsblatt Nr. 196 vom 11.10.2010 Seite 4 (23)

Abbildung 4: Die größten deutschen Bauunternehmen 1990 und 2008

1990	2008
Phillip Holzmann	Hochtief
Hochtief	Bilfinger Berger
Bilfinger & Berger Bau	Strabag
Strabag	Ed. Züblin
Dywidag	Vinci Deutschland
Walter Bau	Bauer
Heitkamp	Max Bögl
Wayss&Freytag	Goldbeck
Züblin	Kaefer isoliert.
G&H Montage GmbH	BAM Deutschland

Quelle: Bulletin Européen du Moniteur, Numéro Spécial Nov. 1991 und Nov. 2009; Hoppenstedt Börsenführer II/92 Entnommen aus: Börsen-Zeitung, 19.10.2010, Nummer 201, Seite 10 (2)

Weiterführende Literatur

(1) Am Bau verfinstern sich die Mienen

aus Frankfurter Allgemeine Zeitung, 15.10.2010, Nr. 240, S. 19

(2) Ifo: Bauindustrie hat an Substanz verloren Zahl der deutschen Beschäftigten seit 1991 halbiert - Zur kooperativen Konsolidierung nicht in der Lage
aus Börsen-Zeitung, 19.10.2010, Nummer 201, Seite 10

(3) Drohende Hochtief-Übernahme alarmiert Baubranche
aus Stuttgarter Zeitung, 12.10.2010, S. 10

(4) Roland Koch will Bilfinger bei PPP "helfen"
aus Immobilien Zeitung Nr. 44 vom 04.11.2010 Seite 4

(5) Die Bauschrecke Hochtief. Der spanische Baukonzern ACS greift nach der Macht bei dem deutschen Rivalen. In Essen geht die Angst vor der Zerschlagung um. Zu Recht. Ein Blick in die Geschichte zeigt, wie brutal der hoch verschuldete Angreifer mit seinen Zukäufen umspringt
aus Capital vom 01.11.2010, Seite 102-106

(6) Baustoffbranche bleibt unter Druck ANALYSTEN Rating-Agentur Moody's erwartet heuer keine spürbare Erholung
aus WirtschaftsBlatt, 20.10.2010, S. 2

(7) "Hochtief-Übernahme würde ganze Branche schwächen" Bauindustrie unter Druck: Konjunktur bleibt schwach, "Menetekel" Stuttgart 21, schwache Heimatbasis sowie rechtliche Nachteile

aus Börsen-Zeitung, 06.11.2010, Nummer 215, Seite 9

(8) Die Blase wächst CHINA Immobilienmarkt boomt weiter, doch viele Häuser stehen leer. Experten warnen vor Crash
aus taz, 25.10.2010, S. 09

(9) Sorge um Leerständen und Kreditverlängerungen Immobilienmarkt - Fehlende Wachstumsperspektiven, hohe Leerstände und vor allem auslaufende Kredite machen Immobiliengesellschaften zu schaffen. Wohnungsfirmen haben es bei der Refinanzierung dabei noch einfacher als Bürovermieter.
aus FINANCIAL TIMES Deutschland

(10) Gemischte Stimmung am Immobilienmarkt Portfolio - Der Markt für Gewerbeimmobilien kommt langsam in Schwung. Das Hoch beschränkt sich jedoch auf sichere Objekte.
aus FINANCIAL TIMES Deutschland

(11) Expo Real Verunsicherung lähmt den Immobilienmarkt
aus HANDELSBLATT online 03.10.2010 15:12:05

(12) Stimmungshoch in der Immobilienwirtschaft Klimaindex von King Sturge steigt weiter an
aus Börsen-Zeitung, 04.11.2010, Nummer 213, Seite 2

(13) Hochtief kehrt auf den Wachstumspfad zurück
aus Frankfurter Allgemeine Zeitung, 17.08.2010, Nr.

189, S. 14

(14) Bilfinger Berger fast am Ziel Operative Marge im Halbjahr bei 3,5 Prozent - Bau stark geschrumpft
aus Börsen-Zeitung, 13.08.2010, Nummer 154, Seite 14

(15) Heidelberg Cement auf Sparkurs Höhere Zementpreise sollen steigende Energiekosten ausgleichen - Stellenstreichungen in England
aus Börsen-Zeitung, 05.11.2010, Nummer 214, Seite 10

(16) Dyckerhoff stagniert
aus Frankfurter Rundschau vom 09.11.2010, Seite 18

(17) Immobilienfinanzierer Kleine Immobilienbanken erholen sich schneller
aus HANDELSBLATT online 13.08.2010 08:01:29

(18) Halde voller Finanzmüll / IMMOBILIENFINANZIERER Die verstaatlichte Hypo Real Estate lagert ihre Giftpapiere in eine Abwicklungsanstalt aus. Es ist die größte Bad Bank Deutschlands
aus Mitteldeutsche Zeitung vom 01.10.2010

(19) Engel & Völkers bleibt das größte Maklerhaus
aus DIE WELT, 10.09.2010, Nr. 211, S. 20

(20) Hochtief jagt Frankreichs Bauriesen Blühende Geschäfte in Australien geben deutschem Baukonzern Schub · Prognose angehoben
aus Financial Times Deutschland vom 17.08.2010, Seite 4

(21) Britannien hopp, Deutschland topp
Immobilieninvestment - Immobilien sind dank der Konjunkturerholung für Investoren wieder attraktiv - der deutsche Markt erreicht fast wieder Vorkrisenniveau. Allerdings gibt es große Unterschiede zwischen den einzelnen Ländern.
aus FINANCIAL TIMES Deutschland

(22) Wie der US-Immo-Markt gerettet werden kann
aus "Der Standard" vom 18.09.2010 Seite: 16

(23) Kampf der Hedge-Fonds bei Hochtief
aus Handelsblatt Nr. 196 vom 11.10.2010 Seite 4

(24) In London zocken sie wieder
aus Handelsblatt Nr. 190 vom 01.10.2010 Seite 54

Impressum

Branchenreport BAU & IMMOBILIEN Ausgabe 2/2010

Bibliografische Information der deutschen Nationalbibliothek

Die Deutsche Nationalbibliothek verzeichnet diese Publikation in der deutschen Nationalbibliografie; detaillierte bibliografische Daten sind im Internet über http://dnb.d-nb.de abrufbar.

ISBN: 978-3-7379-1860-2

© 2015 GBI-Genios Deutsche Wirtschaftsdatenbank GmbH, Freischützstraße 96, 81927 München, www.genios.de

Alle Rechte vorbehalten. Dieses Werk ist einschließlich aller seiner Teile – z.B. Texte, Tabellen und Grafiken - urheberrechtlich geschützt. Jede Verwertung außerhalb der Grenzen des Urheberrechtsgesetzes bedarf der vorherigen Zustimmung des Verlags. Dies gilt insbesondere auch für auszugsweise Nachdrucke, fotomechanische Vervielfältigungen (Fotokopie/Mikroskopie), Übersetzungen, Auswertungen durch Datenbanken oder ähnliche Einrichtungen und die Einspeicherung und Verarbeitung in elektronischen Systemen.